L'Oracle des moments mystiques

Catrin Welz-Stein

LE COURRIER DU LIVRE
27, rue des Grands-Augustins
75006 Paris

Traduit de l'anglais par Marie-Noëlle Antolin.

ISBN : 978-2-7029-2056-5

www.editions-tredaniel.com
info@guytredaniel.fr
www.facebook.com/editions.tredaniel
@tredaniel_eso

Imprimé en Chine

INTRODUCTION

Merci, cher ami, d'avoir choisi *L'Oracle des moments mystiques* et de l'emporter chez vous. J'espère qu'il enrichira votre quotidien. Ces 52 cartes racontent toutes sortes d'histoires sur la sagesse féminine, la nature et la vie. Pour chacune d'elles, vous trouverez mes interprétations, mais vous pouvez laisser les cartes vous aider à découvrir vos sentiments profonds et vos pensées cachées. Profitez des histoires et laissez votre imagination s'envoler pour un voyage merveilleux !

Le coffret de *L'Oracle des moments mystiques* peut s'utiliser lors d'une routine quotidienne, pour passer chaque jour un moment rien qu'à vous. J'aime le sortir chaque matin. Je tire une carte comme thème du jour. Il n'existe pas de règles strictes pour utiliser cet oracle. Essayez et interprétez-le selon vos préférences.

Commencez par vous détendre en écoutant une musique relaxante, en allumant une bougie ou en préparant une tasse de thé chaud. Battez les cartes et déposez-les, face cachée, devant vous. Avant d'en tirer une, pensez à une question que vous avez à l'esprit ou sondez votre humeur du moment. Prenez la carte et regardez l'histoire qu'elle vous raconte. Laissez vagabonder votre imagination et votre intuition. Avant de lire mon explication, observez vos sentiments à la vue de l'illustration. Il n'y a aucun mystère : c'est votre subconscient qui vous parle !

LES CARTES

1. JOUR ET NUIT

Incertitude, peur, tracas, décisions à prendre, suivez votre instinct

La fille que l'on voit sur cette carte tient le soleil entre ses mains, et la lune est dans son dos. Elle semble hésiter, comme si elle avait une question en tête sans en connaître la réponse. À quoi pense-t-elle ? A-t-elle peur de la réponse ou du processus intérieur pour la trouver ?

Nous sommes nombreux à peiner à prendre des décisions. Mais là où est l'ombre se trouve aussi la lumière. Après une nuit noire, le soleil matinal réchauffe le chemin que nous avons choisi. Cette carte nous rappelle que nous tenons déjà toutes les réponses dans nos mains. Nous devrions faire confiance à notre jugement intérieur et savoir que nous sommes capables de gérer n'importe quelle situation.

2. LIBERTÉ

Choix, confiance, lâcher-prise, autodétermination

Cette carte montre une femme debout, de profil. Une cage est suspendue à ses cheveux, et elle est sur le point de libérer son ami ailé dans la nuit. Les étoiles et la lune guident le trajet du petit oiseau. La femme a cueilli une étoile particulière au ciel pour escorter l'oiseau dans son voyage.

Cette carte représente la liberté que vous avez de choisir votre propre chemin dans la vie. Ne laissez pas les autres décider à votre place. Vous avez le pouvoir de vous libérer des cages à la fois extérieures et intérieures. Les nombreux obstacles que nous affrontons sont souvent ceux que nous créons nous-mêmes. Lorsque nous prenons conscience que nous les avons créés, nous avons le pouvoir de nous en libérer.

3. LE RÊVE DE LA BELLE AU BOIS DORMANT

Voyage de l'âme, pouvoir de l'imagination, force intérieure

Nous connaissons tous l'histoire de la Belle au bois dormant, qui fut piquée par une quenouille et tomba dans un sommeil profond. Cette carte la montre endormie, les cheveux en broussaille, telles les épines encerclant le château.

Imaginez que votre âme puisse vagabonder pendant que vous dormez. Quels lieux et quelles personnes irait-elle visiter ? Envisagez quelle sorte de voyage vous feriez. Votre âme n'est pas liée à un endroit particulier. Elle est capable d'abattre des murs et d'escalader une haie d'épines. Comme l'oiseau que la Belle tient délicatement dans sa main, votre âme est prête à se libérer et à s'envoler vers tous les lieux de vos rêves.

4. DANSE LUNAIRE

Audace, équilibre, aisance, aventure, perspective

Voyez cette fille qui se balance sur une corde, valsant avec la lune. Elle danse sa vie !

Une telle confiance est un cadeau dont vous devriez être conscient et qu'il vous faut chérir. Soyez courageux et aventureux. Sortez de votre zone de confort et voyez la vie sous une autre perspective. Si vous maintenez un équilibre entre légèreté et gaieté, vous resterez au-dessus du fracas quotidien qui menace de vous faire tomber. Sentez la brise nocturne caresser vos cheveux et l'aventure dans votre âme !

5. ÉCLOSION

Confiance en soi, féminité, accomplissement individuel

Une femme vous regarde dans les yeux avec fierté et confiance en elle. Elle sait ce qu'elle veut, et cela se dégage de son être avec autant de force qu'une abondante floraison. Ses cheveux sont aussi épais que les branches d'un arbre, se déployant dans un abandon contrôlé. Elle est entourée du pouvoir de la nature qui la pénètre et émane d'elle.

Que ressentiriez-vous avec tant de connexion et de confiance ? Que pourriez-vous accomplir ? Votre force intérieure s'épanouit dans vos réussites à venir.

6. ÉCOUTE

Attention, sensibilité, empathie

La jeune femme aux yeux clos et au sourire entendu est ancrée à la terre. Ses cheveux se sont transformés en racines de plantes au-dessus d'elle. On voit qu'elle a conscience de son environnement. Elle est connectée à la voix de la nature. Elle écoute pousser les plantes dans le sol. Elle fait partie intégrante du monde. Elle comprend les chagrins et les inquiétudes de l'environnement. Elle connaît aussi la chanson des joies de la nature.

7. PURE NATURE

Grâce, épanouissement, jeunesse, fraîcheur

Cette jeune fille s'épanouit en devenant une femme. Elle aime son corps et a conscience de sa beauté unique. Comme elle, chérissez la beauté que la nature vous a donnée. Voyez la douceur et la grâce et gardez dans votre cœur les secrets de votre jeunesse !

La pivoine rouge symbolise le respect et l'honneur, idéaux que nous devons reconnaître en nous avant de partager notre vraie nature avec les autres de manière authentique.

8. JARDIN ROUGE

Gratitude, plaisir, bonheur

Sur cette carte, on voit une femme flâner dans un jardin rempli de fleurs. Le ciel luit de pétales roses et le sol a viré au bleu luminescent. La femme trouve une grande paix à communier avec la nature. Les fleurs sont devenues une part d'elle-même et un perroquet se sent à l'aise sur son épaule. Pendant sa promenade sur le chemin de la vie, elle garde en son cœur bonheur et gratitude. Elle remarque le simple plaisir de vivre, et elle est reconnaissante pour tout ce que la nature lui a offert.

9. JARDIN DE ROSES

Sensibilité, conscience de la nature, force

Voyez cette belle femme qui s'est transformée en fleur. Elle tient une rose rouge à peine éclose à l'endroit où bat son cœur. Ses cheveux sont devenus une feuille qui flotte au vent. Elle fait partie de la nature et se renforce à ses doux frôlements et à ses gestes bienveillants. Elle n'est pas seule : ses amis chenille et papillon sont venus en visite. Les épines menacent de la piquer, mais elle n'a pas peur. Une rose est belle et forte grâce à ses épines, et non malgré elles.

10. L'ESPRIT DES FLEURS

Amitié, âme, tendresse, joie

Cette carte montre la tendre et sensible fée florale, l'âme de chaque plante. Elle écoute ses amies de tout son cœur et leur fait une caresse apaisante quand leurs contours se font épineux.

En aimant la vie et en gardant l'espièglerie au cœur, elle est source d'inspiration et de joie. Sa vision enfantine l'aide à voir le meilleur en toute chose, surtout en elle-même.

11. REINE ABEILLE

Force, croissance, maternité

Madame la reine Abeille est grande et forte et tout autant douce et maternelle. Sa jupe est une tour de fleurs, une ruche qui nourrit notre écosystème. Elle offre force, vie et pouvoir à son entourage. Elle est la Mère Nature. Elle est responsable des tulipes qui envoient l'énergie dans le monde, et de tout ce qui pousse pour vivre la beauté de chaque jour. Ses enfants sont les enfants de la terre. Elle nous nourrit tous.

12. TOUT EST CONNECTÉ

Innovation, transformation, croissance, libération

Une fille est assise sur un tronc d'arbre et tient des feuilles dans ses mains, quand d'autres tourbillonnent au vent. Une petite araignée relie quelques feuilles de son mince filament, même si le vent menace de tout déchirer. Ne craignez pas les changements ; libérez la peur en lâchant prise. Changer est difficile et parfois douloureux, mais c'est la seule façon de grandir. Vous pouvez dériver, mais vous ne vous égarerez jamais. La vie continue et rien ne s'achève, tout est remodelé par le vent en autre chose. Ni mieux ni pire, mais différent, et ce changement porte ses merveilles et ses ouvertures.

13. LA FILLE-ROSÉE

Affrontez vos peurs, conscience, connaissance

La femme de cette carte dispose de grosses gouttes de pluie dans un panier fait d'une feuille. On l'appelle la « Fille-Rosée », et elle symbolise la réception et l'absorption de tous les tracas et de toutes les peurs. Elle nous invite à partager nos sentiments et nos soucis. Nous pouvons les récolter et les gérer au lieu de les cacher au plus profond de nous-mêmes. Elle est forte et résolue, prête à affronter ses peurs. Bien que celles-ci puissent sembler aussi puissantes qu'un torrent, une fois que nous faisons face, elles deviennent aussi petites que des gouttes de rosée.

14. L'ART DE LA SÉDUCTION

Amour, féminité, passion, séduction

Nous voyons un couple élégamment vêtu : la femme s'approche de l'homme pour lui chuchoter quelque chose à l'oreille. Lui parle-t-elle d'amour ? Quels secrets lui confie-t-elle ? Dans sa robe rouge couverte de joyaux, elle est consciente des pouvoirs de la séduction. Elle joue de sa féminité, de sa beauté et de sa passion. Elle séduit tous les sens de l'homme, depuis la senteur d'une fleur odorante jusqu'à la douceur d'un frôlement sur sa joue. Il y a un pouvoir incroyable dans ses mots doux et sa caresse délicate.

15. ÉLIXIR DE VIE

Guérison, consolidation, redynamisation, vérité

Une femme se penche sur une rose d'un rouge profond. Elle fait face à la fleur, les yeux fermés, se concentrant sur la floraison luxuriante. Elle reçoit le doux parfum de la nature et l'énergie de la vie. Le vent frémit dans ses cheveux et lui murmure les vérités de l'Univers à l'oreille. Elle entend son propre souffle se mêler à celui du vent. S'asseoir tranquillement dans la nature, dans un jardin ou près d'un torrent, aide à calmer notre mental vagabond et à soigner nos peines de cœur.

16. ÈVE

Duplicité, tromperie, avertissement

Une femme sort de la jungle, la moitié du corps couverte de plantes et de fleurs exotiques. Un serpent se tortille autour de son cou. La femme se présente comme un fruit suave à cueillir. Elle fait miroiter excitation et nouveauté, mais attention : son baiser peut être aussi toxique que la morsure d'un serpent. Comme une amie ou une amante trompeuse, son expression indéchiffrable masque ses véritables intentions.

17. MISS SOLEIL

Soleil, lumière, énergie, courage, clarté

Une femme s'élève très haut dans le ciel. Ses cheveux brillent aussi fort que le soleil ; sa jupe ressemble à un grand immeuble. Elle vient d'un lieu plus sombre, des ombres et des ténèbres se tiennent en dessous d'elle. Mais sa lumière est flamboyante. Elle est comme l'énergie de vie et le soleil de l'Univers. Elle focalise ses intentions sur le positif et peut gagner la clarté. Elle abandonne la nuit et les peurs derrière elle.

18. SOUVENIRS CHÉRIS

Souvenirs, nostalgie, reconnaissance

Nous voyons une femme assise tranquillement dans l'herbe. Elle regarde devant elle, vers un lieu qui nous est inconnu, tandis que son esprit se perd dans le passé. Elle tient des deux mains un ballon flottant rempli de nuages. Ces nuages sont d'anciens souvenirs qu'elle veut garder et chérir. Nos expériences passées ne nous définissent pas – nous ne pouvons prolonger notre vie d'autrefois. Mais le passé nous façonne réellement, et les souvenirs de nos proches et des moments de joie nous aident à donner le meilleur de nous aujourd'hui.

19. LE VOYAGE

Amour de l'aventure, curiosité, appréciation

Une jeune fille chevauche un cerf avec légèreté. Tous les deux s'amusent de leur aventure. Ils sont espiègles et curieux. Nous sommes parfois tellement obnubilés par notre destination que nous oublions d'apprécier le voyage. Mais si nous négligeons les petites choses sur notre chemin, comme la douceur de l'herbe sous nos pas ou l'amour inconditionnel d'un animal, nous ratons de précieux instants. Un nouvel ami ou une connaissance avec un point de vue différent peut nous aider à voir certaines choses que nous avions peut-être négligées.

20. SOUS MON PARAPLUIE

Compassion, attention, amitié, protection

Un homme est perché sur le dos d'un perroquet géant. Il tient un parapluie qui abrite l'oiseau. Cet homme est heureux de l'aider. Il ne craint pas d'escalader le gros oiseau ni de se faire piquer par son bec acéré. Il est optimiste, pensant que son petit parapluie pourra protéger le perroquet du mauvais temps. C'est un véritable ami, conscient du pouvoir d'un sourire ou d'un petit coup de main pour illuminer la journée de quelqu'un. Il est récompensé en retour par une explosion de couleurs dans sa vie.

21. PETITS TRIOMPHES

Attitude, croyances, pouvoir de la persévérance

Une souris imposante déguisée en dresseur de cirque tient un petit aigle. La situation est inversée : le prédateur est petit et la proie est grande. Cette carte nous presse de croire en nous. Ne croyez jamais que vous êtes trop petit ou inférieur dans une situation. C'est la dimension intérieure qui compte. Repensez à un moment où vous vous êtes senti heureux d'avoir réussi quelque chose. N'abandonnez pas maintenant ; avec de la patience et du travail, vous triompherez à la fin.

22. COMME UN OISEAU

Concentration, regarder de l'avant, possibilités, motivation

Une femme pleine d'attentes scrute l'avenir. Il n'y a pas de limites à ce qu'elle peut accomplir. Comme l'oiseau qui, près d'elle, s'envole résolument en flèche, elle sait qu'il est temps de concentrer son énergie. Vous avez peut-être perdu votre motivation ces derniers temps, ou douté de vos décisions. La clé pour récupérer vos passions tient dans un réajustement de votre concentration pour débloquer la créativité. Entourez-vous d'activités et de personnes qui vous inspirent. Elles peuvent être le souffle du vent dans vos ailes.

23. LE CADEAU

Fantaisie, enthousiasme, curiosité, cadeau

Sous un ciel de neige, une femme aux cheveux de plumes tient une petite boîte. Qu'y a-t-il à l'intérieur ? Nous ne savons pas vraiment, mais on dirait un cadeau. Simple au-dehors, mais peut-être magique dedans. Nous ne pouvons qu'imaginer ce qui arriverait si nous pouvions tirer sur la ficelle et risquer un œil à l'intérieur. Serait-ce la réalisation d'un ancien souhait ? Rappelez-vous la curiosité qui nous prend avant d'ouvrir nos cadeaux, cet espace magique entre le rêve et la réalité. Un cadeau nous rappelle l'enthousiasme que nous ressentons dans ces moments particuliers.

24. AMOUR DE SIRÈNE

Amour, partenariat, soutien, accord

On voit un couple d'amoureux sur cette carte. La femme est une sirène – ses cheveux et sa queue la font flotter dans l'air. Un homme emplumé tient sa main. Il l'ancre et la protège ; il est son pilier. Ils appartiennent à des mondes différents, l'eau et le ciel, mais, ensemble, ils sont complets et forment une parfaite union amoureuse. Leurs différences les renforcent et les équilibrent. Ils se soutiennent mutuellement à leur manière, mais toujours dans un espace de respect et d'amour.

25. NID PROTECTEUR

Couvaison, maternité, protection, incubation

Malgré son expression sereine, cette femme couve autre chose que des pensées créatrices. C'est une mère, elle peut tout créer. Le nid géant sur sa tête abrite trois œufs et un oiseau déjà né au monde. Sous sa jupe, on aperçoit un gros œuf.

Cette carte symbolise la maternité, la protection des enfants et comment ils se développent aux bons soins d'une mère. Sachez combien vos actions et vos paroles affectent une âme novice.

26. TRANSFORMATION

Processus, identité, chercher des réponses

Une femme est vêtue d'une robe rouge à pois. Le haut a déjà commencé le processus de transformation en papillon. Elle touche sa poitrine avec sa main. Le papillon fait-il partie de son corps ? Est-il le symbole de son âme ? La femme se transforme-t-elle pour une nouvelle vie ? Cette carte nous laisse avec plus de questions que de réponses. Peut-être en trouverez-vous en pensant à votre manière de traiter ces questions : suis-je la personne que j'aimerais être ? Que puis-je faire maintenant pour transformer une petite partie de moi ?

27. LA JARDINIÈRE

Non-jugement, acceptation, compassion pour soi

Une femme se tient fièrement dans un jardin verdoyant et luxuriant. Elle tient dans ses bras un bulbe qui pousse. Deux petites maisons sortent de la plante et sa jupe est transformée en maison. Elle est la jardinière de son âme, la gardienne de son foyer. Ses sentiments sont les fleurs de son jardin. En prenant soin d'elle-même, elle devient toujours plus forte. Mais il arrive que des hôtes indésirables envahissent le jardin, des intrus comme la jalousie ou la honte. Si nous les reconnaissons comme n'étant ni bons ni mauvais, mais dignes d'être considérés et acceptés, nous pouvons nous traiter avec compassion et continuer à nous épanouir.

28. M'ENTENDEZ-VOUS ?

Solitude, appel à l'aide, communication

Une femme flotte sur un coquillage en pleine mer. Elle regarde l'horizon, comme si elle attendait quelqu'un. Elle tient une trompette à la main, prête à souffler dedans le moment venu. L'océan symbolise ses sentiments. Vaste et apparemment insondable, il l'entoure d'un arc illimité. La femme semble solitaire et abandonnée. Mais elle a un moyen de connexion, un outil pour passer du silence passif à la communication d'un grand soutien. Il lui suffit de lever sa trompette pour appeler à l'aide.

29. LA CLÉ IDÉALE

Bonheur, encouragement, déblocage des sentiments

Cette carte montre une femme qui tient une clé dans une main et une cage contenant un cœur dans l'autre. Un oiseau posé sur son épaule l'encourage à essayer différentes clés qu'il tient dans son bec. Cependant, la femme a déjà trouvé la clé idéale. Elle peut ouvrir la cage et libérer son cœur. La vie n'est parfois qu'une recherche de la bonne clé. Il y a tant de choses qu'il nous est difficile d'aborder. Nous avons parfois du mal à accéder à nos propres sentiments. Grâce aux amis et à la famille, nous pouvons être aidés à trouver les clés égarées de notre bonheur personnel.

30. LA ROSE BLANCHE DE L'ESPOIR

Espoir, phare, solution, commencements

Nous voyons une femme vêtue d'une robe bleue qui se tient quelque part dans un paysage désolé. L'obscurité l'entoure, mais une rose blanche brille comme un phare et illumine la nuit. Peut-être cette femme s'est-elle égarée, peut-être n'est-elle pas sûre de ses sentiments ? Cependant, grâce à la lumière de la fleur, elle peut trouver son chemin. Les roses blanches symbolisent l'espoir, les nouveaux commencements, l'admiration et l'amour débutant. Voilà des moments joyeux en perspective !

31. LORELEI

Pouvoir, responsabilité, destin, grâce

Une sirène, assise sur un rocher, fixe l'océan. Un petit bateau vogue près de là, relié à elle par une corde. Elle a le pouvoir de décider du destin du bateau et du sort de son équipage. Elle pourrait le jeter contre le rivage d'un simple mouvement du poignet, ou le laisser continuer son voyage. Que va décider la sirène ? Elle a subi de grandes pertes dans sa vie personnelle. Continuera-t-elle le cycle des souffrances ou laissera-t-elle la grâce et la guérison apaiser les eaux ?

32. TOUCHER LE CIEL

Se perdre dans les pensées, isolement, sanctuaire

Une jeune fille aux longues tresses regarde la terre depuis les cieux. Le petit oiseau sur son épaule lui tient compagnie dans son sanctuaire de nuages. Elle tient une de ses tresses comme une échelle de sécurité, espérant peut-être que quelqu'un grimpe jusqu'à elle. Nous sommes parfois tellement dépassés par nos sentiments et nos sensations que nous nous réfugions dans une situation de retrait et de séparation. Il est difficile pour les autres de nous suivre, sauf si nous leur faisons un signe de bienvenue.

33. FLEURS TRESSÉES

Créateur, art de l'univers, intégration

Nous voyons une femme qui assemble des pétales délicats pour les épanouir en fleurs. On dirait qu'elle les tresse pour améliorer leur complétude. Elle est calme et concentrée sur son travail. Cette femme est une créatrice. Elle dessine à partir des pétales qui tombent du ciel et de ceux qui poussent de la terre. L'inspiration est partout autour de vous. Rassemblez-la pour créer un nouveau tout.

34. ABRACADABRA

Magie, secrets, modèles, destinée

S'élevant au-dessus d'un royaume de gratte-ciel, une femme géante luit dans le paysage urbain. Elle est si grande qu'elle touche les étoiles autour d'elle. De sa baguette magique, elle apprivoise l'avenir à partir des constellations. Il y a un ordre avéré dans l'univers, dans le nombre d'or de la coquille du nautile ou dans les dispositions des étoiles au firmament. Nous pouvons découvrir les secrets de l'univers. Nous sommes tous les magiciens de nos vies personnelles.

35. LOIN DE CHEZ SOI

Voyage, souvenirs, expériences, passage

Voyez ce petit éléphant qui voyage dans le ciel. Il vit dans un immense ballon et porte son château avec lui. Les lumières éclairent son chemin pendant qu'il passe lentement au-dessus de l'horizon. Son voyage est-il long, quand prendra-t-il fin ? Va-t-il de nouveau jeter l'ancre ou continuer ses pérégrinations ? Cette carte reflète notre manière de traverser nos vies. Au cours de nos pèlerinages, nous récoltons des souvenirs, suffisamment solides pour en faire un château et assez lumineux pour baliser notre chemin.

36. MAISON DE FLEURS

Pouvoir de la nature, joie de vivre, diversité, beauté

De cette petite maison blanche en haut d'une colline sortent des fleurs pleines de vie et richement colorées. C'est comme une explosion ! Les deux dames qui passent semblent minuscules, comparées aux feuilles géantes qui retombent. Elles apprécient la démesure de la nature, le pouvoir de sa diversité. Mais une simple éclosion dans un vase peut transformer l'espace, chaque pétale étant un univers en soi et une merveille de la création. Cette carte signale un amour pour la vie dans ce moment plein d'énergie, de beauté et de joie.

37. PAS DE PLUIE AUJOURD'HUI

Réconfort, vision positive de la vie, énergie, rayonnement

Sur cette carte, nous voyons le soleil chasser un nuage qui pleure. Il ne pleuvra pas aujourd'hui ! Le soleil apporte chaleur et réconfort. Ses rayons garantissent la vie et la robustesse, ils chassent la peine et le deuil. Les jours sombres, tournez-vous vers le soleil et laissez les ombres derrière vous. Glissez sur vos souliers de bal, même pour un court moment, et laissez l'énergie parcourir votre corps. Entourez-vous de personnes positives et joyeuses pour accueillir un environnement où vous pourrez rayonner.

38. BERCEUSE

Rétablissement, rêves, rythmes, berceuse

Comme le crépuscule arrive, nous remarquons un violoncelliste prêt à jouer une berceuse pour accueillir le sommeil dont nous avons tant besoin. Les cycles du jour et de la nuit, de la lumière et de l'obscurité orchestrent nos rythmes naturels. Nous donnons beaucoup pendant la journée ; la nuit est le moment de nous rétablir. Sur l'instrument, nous voyons la lune et les étoiles – gardiennes de nos rêves cette nuit. Reposez-vous avec la berceuse de la nature qui fredonne doucement derrière les carreaux. Et demain, éveillez-vous à tous les jours de votre vie.

39. MA MAISON EST MON CHÂTEAU

Expérience de vie, croissance, connaissance, âge

La femme de la carte porte un grand château sur les épaules. Il est robuste, on dirait qu'il a grandi chaque année de sa vie. Le château représente l'âme de cette femme. À l'intérieur de ses murs impérissables, elle conserve tous ses souvenirs, ses pensées, ses connaissances et ses sentiments. Plus elle vieillit, plus sa forteresse grandit. Elle lui tient compagnie, la protège de la douleur et fournit la fondation pour que son être véritable continue son voyage.

40. Ô JOUR DE SOLEIL

Nouveaux départs, chance, optimisme

Une femme avec un parapluie délicat est assise sur un champignon rouge et regarde le soleil se lever à l'horizon. Comme il est bon d'accueillir un nouveau jour, surtout avec trois petits talismans de bonne fortune (les coccinelles). Accueillez les nouveaux départs, oubliez les soucis et les regrets d'autrefois. Ne laissez pas le passé s'immiscer dans votre journée ; tous les moments de ce jour sont nouveaux, jamais vécus ni avant ni après. Vous avez le pouvoir de faire arriver de belles choses, vous pouvez mettre la chance de votre côté.

41. HABITER LE CIEL

Envie de voyager, aventure, havre de sécurité

Très haut dans le ciel, nous voyons flotter plusieurs maisons transportées par des ballons. Des oiseaux se montrent aux fenêtres. Il y a, dans cette carte, des éléments d'un voyage, symbolisés par le ciel, les oiseaux et les ballons. Mais il y a aussi les maisons, qui suggèrent le foyer, la sécurité et la stabilité. Ces oiseaux possèdent le meilleur des deux mondes : ils peuvent voyager sur une longue distance sans perdre leur logement. Ils sont libres de chercher de nouvelles expériences sans crainte. On est chez soi vraiment où se trouve son cœur.

42. LA RONDE DES SAISONS

Transformation, hauts et bas dans la vie, développement

Au centre de cette carte se tient une femme entourée de feuilles, de fleurs et de flocons tourbillonnants. Comme le vent les fait tournoyer autour d'elle, elle lève un bras pour s'en protéger ou les saluer. On ne sait pas trop. Cette carte nous rappelle que les saisons changent, comme nous. Rien n'est jamais immuable, ni la rivière ni même le chêne puissant, et certainement pas nous. Nous sommes dans un état de transformation permanente. Même quand nous nous sentons terrassés et ne pouvons que rester tranquilles, nous bougeons malgré nous. Quand la vie tourbillonne autour de nous, laissons la certitude de la ronde des saisons nous enraciner avec force.

43. SECRETS

Magie, mystère, pensées secrètes

Une fille sur un tabouret est assez grande pour atteindre la lune. Elle tient à la main un trousseau de clefs ; l'une d'elles semble correspondre au trou de serrure à la surface de la lune. Cette carte nous parle des secrets intimes, des pensées secrètes et des idées que l'on garde pour soi. Personne n'est capable de regarder dans votre tête à moins d'y être invité. Vous avez le pouvoir de décider quelles pensées vous partagerez avec les autres. Un peu de mystère aide à garder la magie intacte.

44. ÉCHOUÉ

Erreur de direction, mauvais jugement, peur de l'échec

Regardez ce jeune marin échoué avec son bateau à la cime d'un grand arbre. Il a besoin de son ancre pour l'aider à descendre sur la terre ferme. La carte demande comment le bateau en est arrivé là. C'est un endroit plutôt inhabituel pour un vaisseau maritime ! Nous avons parfois ce sentiment : nous nous retrouvons dans des situations que nous ne comprenons pas. Il nous semble avoir fait des erreurs parce que nos attentes étaient tellement élevées que nous avons organisé l'échec. Soit nos piètres résultats nous motivent, soit nous avons peur de recommencer. L'échec est une part importante de la réussite, aussi cruciale pour notre voyage que le gouvernail d'un bateau.

45. NOUVELLES DIRECTIONS

Départ, nouvelles perspectives, adieux

Une fleur de pissenlit est une montgolfière qui se promène dans le ciel avec pour nacelle un chapeau haut de forme dans lequel ces hommes se sont envolés. L'un d'eux saute de la nacelle et s'éloigne, accroché à une graine de pissenlit. Il est emporté au loin, et les autres hommes lui font des signes d'adieu en souhaitant que tout aille bien. Cette histoire illustre les fins et les départs nécessaires pour gagner une nouvelle perspective dans la vie. Il faut du courage pour changer de direction et abandonner les vieilles habitudes. Mais si vous êtes assez courageux, vous pouvez vous envoler vers quelque chose de nouveau – un rêve, un lieu, voire vous-même.

46. SORTIE NOCTURNE

Protecteur, merveille de la nuit,
grand frère, amitié

Un éléphant transporte deux chouettes sur son dos, une mère et son nouveau-né. Elle a replié son aile sur la tête de l'oisillon pour le protéger. L'éléphant court dans la nuit, soufflant les étoiles vers le ciel avec sa trompe. Connecté à la magie et à l'émerveillement, c'est un protecteur, une épaule solide sur laquelle s'appuyer à tout moment. Même pendant les périodes sombres, vous êtes en sécurité avec lui.

47. MON CHER AMI

Amitié de toute la vie, fiabilité,
solidarité

Si vous vous rappelez la carte intitulée « Le voyage », vous reconnaîtrez une scène similaire sur celle-ci, avec une femme chevauchant un cerf. Mais, cette fois, ils sont tous deux beaucoup plus vieux. Le temps a passé et ils sont toujours amis. Ils ont traversé beaucoup de saisons ensemble, des joies ensoleillées et des peines glacées. Leur sagesse a grandi, comme les bois gracieux que la femme tient pour son confort. Le cerf la soutient et elle caresse en retour son vieil ami.

48. LE JARDIN DU PAPILLON

Curiosité, découverte, petits instants de vie

Tout en fixant le ciel, une femme tient dans sa main une fleur qui s'ouvre. Posé sur sa tête, un papillon observe les pétales violets. Appréciant la situation, la femme reste immobile et s'imprègne tranquillement de son environnement. Elle ne veut pas perturber la scène. Dans notre vie quotidienne, il y a tant de moments qui pourraient être précieux si nous prenions simplement le temps de les remarquer. Prenez conscience de votre environnement et soyez attentif. Demandez : « Pourquoi cela se trouve-t-il là ? », puis faites les connexions. De petites observations peuvent mener à de grandes découvertes.

49. DES CLÉS AUX ARBRES

Croyez en vous, solutions, créativité

Tout en haut d'une tour métallique en spirale, un éléphant est enfermé dans une cage. La tour est entourée d'une vaste jungle de plantes et d'arbres géants. Mais l'éléphant n'est pas affligé. Des clés pendent des arbres, s'il en prend une, il pourra ouvrir la cage et s'évader dans la nature. Aucune situation n'est trop compliquée pour être résolue. Cherchez des réponses dans des lieux inattendus. Vous avez la créativité pour trouver la sortie.

50. L'OBSERVATRICE

Patience, conscience, concentration

Une femme regarde dans le viseur d'un vieil appareil photo, prête à prendre un cliché. Elle observe le paysage devant elle. Tout est tranquille, tout est paisible. Nous ne savons pas depuis combien de temps elle attend la prise de vue idéale. Elle a la patience de rester concentrée jusqu'à ce que le moment décisif se présente. Sa force réside dans son calme. Elle vit dans le présent et ne se laisse pas facilement distraire.

51. DÉCROCHER LA LUNE

Désirs, souhaits, attentes

Voyez cette femme assise sur une balançoire en forme de lune. Elle scrute l'horizon avec envie, comme si elle désirait être ailleurs. Bien que sa jupe soit composée de plumes, elle reste assise et ne s'envole pas. Cette carte parle des souhaits profonds. Nous avons parfois très envie de ce que nous n'avons pas. Au lieu de passer à l'action, nous restons passifs et nos rêves passent inaperçus. Laissez la puissante magie de la lune révéler vos désirs incertains.

52. LA SORCIÈRE DE MER

Innocence, plaisir du jeu, émerveillement

Cette petite sirène s'appelle la « sorcière de mer ». Au lieu d'une queue de poisson, le bas de son corps est celui d'une méduse. Ses cheveux ondulent derrière elle comme des tentacules. Elle tient à la main un petit moulin qui la propulse en avant. Un poisson aux grands yeux est le compagnon loyal de ses promenades maritimes. Elle est jeune et utilise la magie de la pensée enfantine pour danser dans les vagues, s'émerveillant de la beauté de la vie.

À PROPOS DE CATRIN WELZ-STEIN

Dans mon art, je brouille les frontières entre imagination et réalité, tout en explorant la féminité de différentes manières. J'aime donner un air désuet à mes images, un sentiment éthéré. Pendant le processus de création, je scanne des anciennes peintures, photos et illustrations, en m'assurant qu'elles sont tombées dans le domaine public. Je travaille sous forme numérique et je transforme les scans en commençant par les découper. Ce sont alors des pièces de puzzle que j'assemble jusqu'à ce qu'elles révèlent une nouvelle signification globale et racontent une histoire inconnue.

J'ai commencé à créer des images numériques quand mes enfants avaient deux et quatre ans. À cette époque, j'avais très envie de faire quelque chose de créatif. Les images m'ont aidée à me rendre compte de mes sentiments et de mes problèmes. Je n'avais pas prévu de les rendre publiques ; elles étaient très intimes, privées. Puis j'ai créé des cartes de Noël pour les envoyer à ma famille et à mes amis. Leurs réactions positives m'ont surprise. À la suite de cet encouragement, je suis devenue plus audacieuse et j'ai posté mes images en ligne. Aujourd'hui, je suis presque dépassée par tous les retours positifs que je reçois ! C'est ma motivation pour continuer ce travail. Je me sens bénie d'être capable d'atteindre le cœur et l'âme de tant de personnes.

Originaire d'Allemagne, je vis aujourd'hui à Séoul, en Corée du Sud. Nous avons déménagé là-bas en 2016 pour le travail de mon mari. Avant cela, nous étions à Kuala Lumpur, en Malaisie. C'est une bénédiction de pouvoir visiter tant de régions d'Asie. Cela a élargi mes horizons et je suis sûre que mon art en a également été influencé.